SOMMAIRE

Textes: Despina Tsakiri

Photographies: V. Drossos -K. Mitrelis
                      A.Alicsandris- Kl.Grigoroudis

Acropole. Le temple de victoire.

INTRODUCTION

La Grèce se trouve dans un point privilégié de la planète doté de la beauté naturelle distincte.

Il est le pays préféré des dieux qui a reçu un climat magnifique comme charisme, une couverture céleste toute bleue et lumineuse et une étreinte maritime, tranquille et chaude à l'intérieur du quel l'Homme cultivé, le sensible, le philosophe, le mathématicien, l'historique avec de l' imagination et de la charme.

Son héritage lourd, le Grec le porte à travers les contrariétés historiques et politiques durant 2.500- 3. 000 années, étant doublement responsable face à l'humanité qui le juge et qui le compare avec la norme, celle de l'homme de l'époque de la gloire d'Athènes ancienne.

Les valeurs intellectuelles, la philosophie, l'art, l'organisation politique équitable et le gouvernement sont des notions inhérentes à l'existence de Grec et elles étaient toujours comme un repère et une boussole pour les cultures d'autres peuples. La Grèce envahit dans le bassin de la Méditerranée et jouit de ses eaux d'azur en décorant avec ses 3. 000 îles le paysage d'eau. Dans le S.E bout de l'Europe, la Grèce est au même temps la terminaison de la péninsule balkanique et le centre de contact de l' ouest avec l'est. Cette place fatale était la cause de son histoire tempétueuse et de son exposition de tous les côtés concernant les vues de peuples aux noms variés.

La population de la Grèce est du nombre de 10. 300. 000 habitants à peu près et son étendue est 131. 944 Km^2 Dans la capitale, à Athènes, 3. 500. 000 des habitants ont été réunis approximativement. La morphologie du territoire est variée. Nous rencontrons de grandes chaînes de montagnes et peu de plaines tandis que son littoral forme une surabondance de fougues, de golfes, de péninsules et de caps uniques à beauté et célèbres à tout le monde.

La montagne plus haute est l'Olympe (2.917 m.) très connue par la mytholo-

Acropole. Fronton archaïque par le Dracon à trois corps.

gie en tant que résidence des 12 dieux des Grecs anciens. La plus grande rivière est Aliacmone en Grèce du nord où se trouve aussi Trichonide, le plus grand lac.

Les céréaliers, les légumes secs, les betteraves sucrées, les pommes de terre, le coton, les olives, les agrumes, les légumes, les fruits et les raisins représentent la production agricole de la Grèce.

Sa production vétérinaire est petite et ne couvre pas les besoins du pays. Au littoral et dans les îles la pêche est développée, en ayant un rendement important aux articles produits de la pêche.

Sa richesse minière comprend des gisements de lignite, de bauxite, de fer, de chrome, des marbres, d'amiante, de manganèse et d'autres.

La Grèce se trouve en croissance en ce qui concerne l'industrie lourde, mais s'il est comparé aux autres pays de l'Europe, on constate de grands manques en ce secteur. Cependant, déjà fonctionnent des industries de tabac, de tissage, de bois, de meubles, de types en cuir, de sucre, d'industrie viticole, de carte e.t.c, d'une grande tradition, d'une qualité excellente et avec des exportations importantes.

La Grèce apparaît du retard au secteur industriel laquelle sa navigation avancée la couvre, en possédant une place primordiale à l'échelle mondiale.

Le tourisme possède également au revenu national le rôle le plus important. Des millions d'étrangers visitent chaque année la Grèce pour qu'ils connaissent de près la génératrice de la culture, qu'ils voient et qu'ils admirent ses monuments et qu'ils connaissent sa vie moderne. De plus, pour qu'ils se communiquent avec les habitants hospitaliers et qu'ils ferment le rendez-vous de leur prochaine visite, en donnant leur promesse à soi-même et aux amis qu'il a sûrement acquis pendant ses vacances de courte durée.

Avant que le visiteur étranger abandonne la Grèce, il a déjà commencé de rappeler e son retour et peut-être cette pensée l'accompagne pendant tout l'espace jusqu'à l'été prochain, pour qu'il vive de la même manière avide la mer, le soleil, l'insouciance, le repos.

Des éléments historiques

En Grèce, nous trouvons des traces de vie humaine à la grotte des Petralonon à Chalcidique, qui sont datées dès 50. 000 av. J.C. Plus tard, à l'époque néolithique, les premières petites agglomérations, Sesklo et Dimini se sont construits à la plaine de Thessalie. Ultérieurement, des tribus divers du nord et apparentées entre eux sont venus pour se mélanger aux habitants locaux, les Proellines, en 2.000 av. J.C: C' étaient les Achéens, les Ions et les Éoles. Ceux-ci ont développé une civilisation dont la plus importante était celle des Mycènes.

Lorsqu' en 1100 av. J.C. a été marqué la descente de Doriens, de grands reclassements à l'espace helladique et beaucoup de migrations vers les îles de l'πgée et au littoral de la P. Ásie ont eu lieu. Le mélange des Proellines, des Achéens, des Ions, des Doriens, a engendré les Grecs anciens aux mêmes caractéristiques, la langue commune, la religion commune et les mêmes coutumes.

La Grèce connaît alors une évolution énorme et une floraison à tous les secteurs. Il crée des colonies et des relations commerciales au littoral de la Méditerranée. Ses enfants importants

Olympie. Hermès de Praxitèle.

Acropole. La statue d'Athènes.

excellent aux lettres, les arts et les sciences.

La division administrative de la Grèce cette époque-là était la formation des villes d'Etats. Donc, chaque ville avait son 'roi' qui la gouvernait. Ultérieurement, les "nobles" avaient le pouvoir (oligarchie). Cependant, le peuple avec ses combats, a pris le gouvernement à ses mains et ainsi la démocratie est engendrée. Les Athéniens sont les premiers ajusteurs du régime de la démocratie. Souvent les villes- Etats se trouvaient à guerre en essayant de dominer l' une sur l'autre. Cependant, lorsque l'ennemi commun a apparu, les Perses, ils se sont unis pour qu'ils le fassent face. Les Perses ont été vaincus par les Grecs, mais la destruction absolue est venue, quand Alexandre le Grand qui est entré en campagne en Asie, a exterminé leur Etat et est arrivé jusqu' en Inde.

Les successeurs d' Alexandre le Grand en ne pouvant pas garder son Etat énorme, ils l'ont séparé en plus petits Etats, qui ont été prouvés faibles devant au nouvel ennemi, les Romains. Ceux-là ont soumis facilement les grecs et les avaient sous leur tutelle pour trop d'années. Pourtant le transport de la capitale de l'Etat Romain, de Rome à Istanbul, s'est tenu le motif principal grâce auquel l'élément grec a été rené et a été imposé. Ainsi l'empire byzantin en ayant comme religion officielle, le christianisme et comme langue officielle, le Grec. Pendant 1.000 années l'empire, qui avait été modifié à un empire grec, a dominé et a développé sa propre culture. Malgré tout, Il avait de nombreux ennemis qui ont arraché une grande partie de ses territoires. En 1453, les Turcs prennent Istanbul et soumettent les Grecs pour 400 ans. En 1821 a eu lieu la révolution grecque contre les Turcs et après de nombreuses années de combats, le premier Etat grec est fondé en 1830 qui comprenait seulement une petite partie de la Grèce actuelle c'est-à-dire la Péloponnèse solide, l' Eubée et les Cyclades. Les îles ioniennes se joignent à la Grèce en 1864, la Thessalie se joint 1881 tandis que la Macédoine, l'Epire, les îles d'Egée, et la Crète se libèrent en 1912-1913. En 1923, la Thrace occidentale s'insère et s'accomplit déjà l'image géographique de la Grèce actuelle.

Les Porteurs de l'Eau.

Grèce Continentale

La Grèce continentale constitue avec l'île Eubée un des appartements géographiques la de Grèce. Elle avoisine au nord l'Epire et la Thessalie et sud le Péloponnèse. Elle est constitué par les départements: d'Attichy, de Béotie, d'Eurytanie, d'Etolie et Acarnanie, de Phthiotide, de Phocide et d' Eubée.

Les plages de la Grèce continentale qui sont mouillées à l'est par l'Égée et à l'ouest par la mer Ionienne, sont les plus belles et les plus sablonneuses avec de nombreux petits naturels ports. En dehors d'Eubée, à la Grèce continentale appartiennent aussi les îles de Salamine, d'Egine, d'Agistri, de Poros, d'Hydra et de Spetsai, où une grande multitude de vacanciers se réunissent pendant les mois estivaux.

Le climat de la Grèce Continentale est doux au littoral et continental à son intérieur. Pélasges sont mentionnés comme les premiers habitants. Ultérieurement Homère mentionne les Achéens et leur participation à la guerre Troyenne. Après la descente des Doriens de reclassements de population ont eu lieu.

Athènes se révèle à un grand centre culturel et politique. Elle prend part aux guerres Persanes et domine en Grèce occidentale jusqu' à la fin de la guerre de Péloponnèse Thèbes prend ensuite la barre mais sous peu il la perd, lorsque la Grèce continentale est soumise aux Macédoniens.

En 146 l a Grèce continentale est soumise aux Romains, pendant la période Byzantine constitue une des ses provinces, ensuite parvient à leur Franc et enfin aux Turcs. Pendant la révolution de 1821 elle s'est libérée et en 1830 il constitue désormais partie de l'Etat grec indépendant.

Aspect partiel d'Athènes avec l'Acropole et le Théâtre d' Hrode d'Attique.
(Aérophotographie)

ATHENES

L'Athènes est la capitale de l'Etat grec à partir de 1834.

Pourtant, dès années prohistoriques il était toujours le centre autour des hameaux. Les Athéniens ont développé à degré extrême la culture classique qui en étant toujours actuel parcourt les siècles, attire les peuples et enthousiasme avec ses monuments incomparables.

Le plus excellents de ses monuments est **le Parthénon de l'Acropole**. Le Parthénon était un temple sacré à la déesse Athéna qui a sauvé les Athéniens par les Perses. Elle a été construit et élaborée sous l'ordre du seigneur d'Athènes, Périclès, par les a artistes Phidias, Ictinos et Callicratès. Sa construction a été complétée en 438 av. J.C.

Le temple était fabriqué de marbre de Penteli en rythme dorique. Á son in-

Acropole. Les Propylées.

Les Caryatides.

térieur accueillait la statue chryséléphan-
tine d'Athènes Vierge où elle était
représentée de garder à sa deuxième
main la Victoire. De nombreuses statues faites par Phidias décoraient son
enclos.

Autres curiosités à la roche sacrée
de la citadelle sont: a) **les Propylées**
(une úuvre par Mnésiclès), b) le petit
temple de **la Victoire Aptère**, c)
l'Erechthéion avec les Cariatides très
connues dans le monde (une úuvre aussi de Mnésiclès). En outre, **au musée
de la citadelle** on admirera des statues,
des colonnes, des complexes et d'autres
compositions sculpturales, tous datés
du VIII ème – VIème siècle av. J.C jusqu'
à l' 'époque Romaine.

Dans l'espace entourée de l'Acropole les monuments importants sont: **Le
théâtre ancien de Dionysos** (IV ème
av. J.C), où Eschyle, Sophocle et Eu-

L'Acropole illuminée.

Le Théssion.

ripide ont enseigné leurs oeuvres. **Le conservatoire de musique d' Hérode d'Attique** (IIème après J.C) où fonctionne actuellement le festival d'Athènes pendant l'été.

La Cour de Cassation dont la colline l'apôtre Paul a proclamé. **Le monument du Filopappe** (IIème av.J.C.). **Le temple de Jeus d'Olympe** et enfin **le temple de Héphaïstos où Theséo** (V ème av. J.C.) au **Marché Ancien**, laquelle réunissait toute la vie politique, sociale et intellectuelle des Athéniens. Ici, la **Galerie d'Attalos** aussi se trouve restaurée.

Áu quartier pittoresque, Plaque, se trouve **le monument du Lisikrati** (IVème av. J.C.), tandis que la porte du Adrian qui séparait l'ancienne ville de la nouvelle ville d'Athènes, est un monument ultérieur où aujourd'hui existe aussi un musée.

Dans le centre d'Athènes présentent d'intérêt: ses bâtiments classiques et néoclassiques, **le Zappion, l' Université, la Bibliothèque, l'Académie d'Athènes, l'ancien Parlement, le Kallimarmaro, le stade Panathénaïque** alors qu'également **la colline de Lycabette** en ayant une vue panoramique vers la citadelle etc.

De ses monument byzantines présentent d'intérêt: **l'église de Capnikareas** (XIème siècle), les **Saints Théodore** (XI ème siècle), la chapelle de **Saint Eleuthère** à côté de la métropole, consacrée initialement à la Mère de Dieu (XI ème siècle.) e.t.c

Dehors du centre, à la région Daphniou, se trouve le plus excellents de tous les monuments byzantins d'Athènes, la **monastère Dafniou** avec l' architecture célèbre et mosaïque (XI ème siècle).

Áu **Musée Byzantin** d'Athènes se

Les stèles de Jeus d'Olympe.

L'Académie d'Athènes.

Le stade Panathénaïque.

sont concentrés des objets exposés rares de cette époque-là.

Le **Musée Archéologique** mais aussi le **Musée Benaki**, le **Musée Historique** et **Ethnologique**, le **Musée d'Art Populaire**, la **Pinacothèque Grecque** concentrent le plus d'intérêt.

Dans le département d'Attique général, un grand intérêt archéologique concentre en dehors de l' Acropole, le cap **Sounion** qui se trouve 62 Km au sud-est d'Athènes au sud-est d' Athènes. Sur ses roches sacrées escarpées existent des ruines du temple Neptune (5ème av.J.C) mais aussi des reliques du temple d'Athènes Souniadas.

De plus, dans les régions d' **Éleusis**, d' **Oropos**, de **Vravronas** et de **Marathon**, existent des restes d'espaces cultueles, dont les découvertes se gardent aux musées locaux.

L'intérêt actuel pour la région de l'Attique est focalisé en dehors d'Athènes et au Pirée qui se trouve au recoin du golfe de Saronike. Pirée constitue le premier port de la Grèce avec une grande activité industrielle, commerciale et transit. La ville a été développée à l'époque du Thémistocle qu'il l'a unie avec Athènes en fabriquant les "Murailles Longues".Au littoral, au sud du Pirée, mais aussi aux côtes orientales d'Attique fonctionnent des plages organisées aux eaux propres qui réunissent les adorateurs de la lumière attique mais aussi du climat attique célèbre. Dans la région la plus large de la Grèce continentale, les **Delphes** présentent le plus grand intérêt archéologique, au département de Phocide. Ici se trouvent des ruines d'une des espaces les plus sacrées de la Grèce, à l'intérieur d'paysage naturel, calme et

Le monument du Soldat Inconnu.

Sounion.

magnifiques, dont l'atmosphère mystérieuse dont crée de la crainte même aujourd'hui. Pendant l'antiquité existait ici **l'oracle de l'Apollo** où recouraient les personnes pour qu'ils prennent les oracles, c'est-à-dire les prophéties pour l'avenir. L'espace sacrée de Delphes accueillait le temple du dieu d'Apollo, théâtre, un stade où s combats sportifs ont eu lieu mais aussi de nombreux édifices que les autres villes ont offertes et où des offertes de grande valeur ont été gardés. Un tel édifice est le **trésor des Athéniens** qui a été restauré dans nos jours. Dans un autre point se tient le **Dôme** célèbre qui était un édifice cyclique, dorique de marbre de Penteli. Près du dôme existent des restes de deux temples consacrés à la déesse Athéna.

Dans le musée qui fonctionne aux Delphes, se gardent des découvertes dignes de remarque comme l'**Aurige** célèbre, la Guêpe du trésor des Naxos, des reliefs et des trésors d'autres villes, deux têtes des dieux grâce aux diadèmes en or, la colonne des danseuses e.t.c.

Des places archéologiques importantes en Grèce Continentale sont **Orchomène, Platées, Leuctres, Chéronée, Thermopyles** également qu'ils portent à la mémoire de moments glorieuses de l'antiquité. Les hagiographies exceptionnelles et les marqueteries ainsi que son architecture caractéristique sont d' une valeur unique, artistique et historique.

Delphes.La Voûte.

NAUPACTE

Naupacte est une belle ville au littoral du nord du golfe de Corinthe, près d'**Antirio** d'où existe une jonction à la côte d'en face de Péloponnèse, **Rio**.

Naupacte . La Forteresse.

EUBEE

L'Eubée est la deuxième île à taille du pays avec de nombreuses beautés naturelles et d'un grand afflux touristique. L' Eubée est liée à la Grèce Continentale par la route avec un pont mais aussi par une voie côtière avec des bacs.

Ses villes les plus anciennes sont **Chalcis** et **Erétrie** et où il existe des ruines de temple consacré au dieu d'Apollo.

Aujourd'hui, en dehors de ci-dessus, intérêt touristique présentent **Carystos, Aliveri, Cyme, Istée, Aedypsos, Peuci, les Nouveaux Styra, Marmari, le Lac** et d'autres.

Chalcis. Le pont (Aérophotographie)

EGINE

L'Egine s'abstient des 12,5 m.n. du Pirée et est distinguée de sa longue tradition à la poterie et à la culture des pistaches. Pendant l'antiquité elle a développé considérablement sa puissance nautique à tel point qu'elle constitue le rival des Athéniens.

Le temple dorique d'Aphée, construit à la fin de V ème siècle constitue un monument très important.

Egine. Le temple d'Aphée. (Aérophotographie)

HYDRA

L' Hydra s'abstient 36 m. n. de Pirée et se distingue par son ambiance particulière, cosmopolite.

La ville d'Hydra, avec ses maisons de maître d'une architecture distinctive, ses magasins de toutes sortes, l'ancien port aux canons, les navires privés et le mouvement mondain vif, se trouve à un niveau économique élevé qui dès vieux jours est dû à la grande force navale et touristique de l'île.

Hydra. Aspect Général (Aérophotographie).

POROS

Le Pôros s'abstient 29 m. n. de Pirée et 200 m de la Côte de Péloponnèse,

Galata. Les milles de arbres de citron, mais aussi des orangers, et des arbres d'olives et de pins sont son élément caractéristique. La nature et les belles

grèves en combinaison de son pittoresque de la ville de Pôros et l'humeur
d' hébergement de ses habitants créent
les conditions pour que l'île se développe
au domaine touristique. Les ruines du
temple de Poséidon et les objets ex-
poses du musée archéologique de l'île
sont les curiosités ici.

Poros. Aspect partiel. (Aérophotographie)

SPETSAI

Les Spetsai se trouve à distance de 52 n.m de Pirée et à peine de 2 m.n de la côte **Costa** du Péloponnèse. Cette petite île se prête avec le même succès pour jouir la vie mondaine mais aussi pour passer des vacances calmes.

Les Spetsai et l'Hydra ont joué le premier rôle pendant le combat de libération en 1821 contre les Turcs en dis- posant de potentiel maritime et humain à l'affaire de la nation.

Spetsai. Aspect général. (Aérophotographie)

Thessalie

La Thessalie se trouve à l'est de la Grèce centrale entre Macédoine vers le nord, entre la Grèce Continentale vers le Sud et l'Epire vers l'ouest. Toute la région de Thessalie forme un bassin.

En Thessalie administrativement appartiennent les départements de Larissa, de Trikala, de Cardytsa, de Magnésie, ainsi que le groupe des îles de Sporades, en dehors de Skyros.

Son terrain est de plaine et est séparé en deux parties d'une basse chaîne de montagnes. Entre ses montagnes, d'Olympe et d'Ossa est formé la belle plaine des Tempon, célèbre dès années anciennes. La vallée est traversé de la rivière Pénée et a une riche végétation de platanes, de peupliers et des saulées

Grâce à sa vue unique et à l'intérêt archéologique pour l'espace (ici temple du dieu d'Apollo existait) est la cause du grand flux de touristes chaque année.

La Thessalie n'a pas de lacs, en dehors du lac artificiel du Tavropos dont ses eaux mettent des machines en marche pour la production de courant électrique. Ses plages ne forment pas des ports en dehors de son port de Volo, au golfe Pagasétique.

La vallée de Tempé.

METEORA

Meteora s'appelle le groupe de rochiers étranges, d'haute de 400 m. sur les sommets desquels ont été bâtis 24 monastères pendant le XIV ème siècle. Ici, trop de moins se sont concentrés. Dans nos jours, se fonctionnent seulement cinq monastères qui chaque année accueillent de millions de visiteurs lesquels admirent la splendeur unique de l'endroit mais aussi les cônes inappréciables, les hagiographies, les vases sacrés et les vieils manuscrits.

Meteora. Le Castraki.

Le cloître sacré de Métamorphose.

PELION

Le Pélion est la plus belle montagne de la Grèce, en ayant une plantation des forêts qui couvre toute sa surface. Son coté de l'est débouche aux plages de l'Egée qui se rencontre à ses eaux toutes blanches. Sur son flanc les villages fameux sont bâtis entre les forets et les eaux courantes. Dès l'antiquité, le Pélion a été apprécié et a été considéré la résidence des dieux Olympiques. Dans nos jours, il continue à être le lieu préféré pour que les gens passent leurs vacances d'hiver ou d'été, dans ses villages montagneuses ou au bord de la mer. On compte parmi ses villages celui de **Macrynitsa**, de **Portaria**, de **Corento**, de **Mylopotamos**.

Pélion. Anacasse.

VOLO

Le Volo représente une de plus grandes et de plus belles villes de la Grèce, bâtis sur le fond de Pagasétheque qui dessert des transports commerciaux et de passagers.

La forteresse et les objets exposés du musée Archéologique sont des curiosités dans la ville. Volo constitue un lieu d'un grand flux des touristes arrivés de l'étranger et de l'intérieur parce qu'il est bien situé et grâce aux ses plages et son climat superbe.

Volo. Argo, le bateau mythique de Jason.

Sporades du nord se consistent des îles: Skiathios, Skopelos, Syros et Alonyssos.

SCATHIOS

Skiathios est une île touristique à faible distance des côtes de Volo. Elle a une riche plantation et beaucoup des eaux courantes. La ville de Skiathos est très pittoresque en ayant une urbanisation amphithéâtrique et un grand flux de touristes. L'île dispose de belles plages dont les plus populaires sont celle de **Coucounaria** et celle de **Lalaria**. La forteresse au nord-ouest de l'île et le monastère de Notre-Dame de l'Annonciation représentent les curiosités de l'île.

Skiathos. Aspect Général. (Aérophotogaphie)

SKOPELOS

Le Skopelos est une île pittoresque avec de belles grèves et une mer toute claire. Elle est couverte des plantations d'olives et des pruniers et elle a des maisons de l'architecture d'Egée, des ruelles empierrés, dallés et beaucoup des chapelles toutes blanches. La forteresse vénitienne, l'église de S.Regine, le tombeau de Stafylos et de l'église de Source Vivifiante.

Alonyssos. Aspect partiel. (Aérophotogaphie)

Skopelos. Aspect partial.

ALONYSSOS

L'Alonyssos est une île d'un grand flux des touristes. Élle est couverte de plantations de pins, des arbres d' olives, des figuiers et comporte des grèves splendides et une mer clair.

Les curiosités de l'île sont: La forteresse Rouge où il y a des débris de la ville antique Ikos, le monastère de Notre Dame de Skantzuria, le monastère de la Dame Vierge sur l'île homonyme. Sur l'île voisine aussi Psathoura, les vestiges de l'ancien Alonyssos, la plupart desquelles sont engloutis dans la mer. Sur l'île Gioura, les cavernes avec les stalactites où des phoques gîtent.

Epire

L' Épire se consistent des départements d'Ioannina, Thesprotie, Préveza et Arta tandis qu'elle se situe à l'être du nord-ouest de la Grèce. Il avoisine au nord l'Albanie et se baigne par le golfe Ambracique. Elle avoisine à l'est la Grèce Continentale. La Thessalie et la Macédoine. Sa côte de l'ouest se baigne par la mer Ionienne. Le plus grand golfe de l'Epire est l'Ambracique. Des golfes plus petits sont celle d' Igoumenitsa et de Pargas.

L'intérieur d' Épire est montagnard et infertile dans sa plus grande partie tandis que on rencontre des Forêts sur ses montagnes qui Smolicas, Grammos, Tymphe et des autres. Ses rivières Aracthos et Louros traversent la plaine d'Arta. Des autres plaines sont: celle d'Ioannina, celle de la rivière Calama, celle de Conitsa et de Fanari.

Le climat d'Epire est méditerranéen au littoral et montagnard à l'intérieur. Á cause de ses nombreux rochers, il présente la plus grande concentration d'humidité de toutes les régions de la Grèce. Épire se peuple dès années antiques. Les Molosseens, les Thesprotiens et les Chaones se mentionnent comme les premiers habitants. Dans l'Épire, pendant l'antiquité la ville **Dodone** a connu son apogée, en ayant un temple dévoué au dieu Jeus où il y avait le Fameux Oracle. Dans nos jours, se conservent les ruines du théâtre de Dodone antique qui a servi comme arène à l'époque Romaine.

L'ancien théâtre de Dodone.

PARGA

Le Parga est un bourg bâti à un paysage d'une beauté exceptionnelle, au littoral d'Ion en face de l'île Paxons. Les côtés tourmentés de grève, le

fort vénitien et autour la nature, offrent à Parga une place importante parmi les régions touristiques de la Grèce.

Parga. Aspect Général. (Aérophotographie)

Îles de la mer Ionienne

Les îles de la mer Ionienne s'appellent aussi des "îles Ioniennes" parce qu'elles sont sept. Elles comprennent les îles Corfou, Paxons, Leucade, Céphalonie, Ithaque, Zakynthos et Cythérée. Ses îles constituaient toujours le pont entre la Grèce et l'Italie. Élles ont été conquises par les Vénitiens et ensuite par les Français tandis que en 1799 elles ont constitué "La cité Ionienne" pendant l'hégémonie du Sultane jusqu'à leur concession de nouveau en France. Jusqu'en 1814 les Anglais possédaient les îles tandis que en 1815 a été créé l'État Uni des îles ioniennes.

Elles joignent Grèce en 1864 et depuis elles suivent le sort du reste de la Grèce.

Corfou. Le Pontikonisi et la Vlacherna.

Céphalonie. L'Assos.

Zákynthos. La tortue Caretta-Caretta.

Leucade. Le porto Katsiki.

Macedoine

Thasos

La Macédoine, une grande région géographique de la Grèce, en étant au département du nord du pays, avoisine l'Epire à l'ouest, la Thrace à l'est et l'Albanie au nord, au jadis s'appelée Gugoslavie et Bulgarie. Vers le sud. Elle avoisine la Thessalie et un des ses département est baigné par l' Egée.

La plus grande partie de Macédoine est montagnarde. Ses montagnes forment une sorte des frontières naturelles qui la séparent par les autres états balkaniques et le reste de la Grèce. A son intérieur, s'étendent des plaines, les plus grandes et les plus fertiles. Ses rivières sont d' autant grandes qui prennent ses sources aux pays voisines, elles traversent son territoire et se jettent dans l'Egée. Des grands lacs se trouvent aussi au sud de Macédoine aussi bien que dans son département central.

Le littoral de Macédoine a une grande alternance et présente des golfes, des péninsules, de petits ports, des grèves, et des côtes escarpées. Le plus grand golfe, c'est le Thermaique et le plus grand port est celui de Thessalonique.

Thessalonique. Le Château Blanc.

CHALCIDIQUE

Toute la presqu' île de Chalcidique constitue un lieu d'un intérêt spécial tant pour sa formation aux aboutissements les plus petits des ses trois péninsules, celle de Cassandra, celle de Sithonie et celle d'Athos que pour sa végétation et son sous-sol, riche des minéraux mais aussi pour son tourisme qui constitue la plus grande ressource de richesses du pays.

L' histoire de Chalcidique débute le VIII ème siècle av. J.C quand les habitants de Chalcides de l'Eubée ont instaure des colonies bien que avant habitaient ici les habitants de Corinthe et d' Andros.

Mont Athos. Le Mont Sacré de Pantelimon.

Pendant la domination Athénienne, ils s'allient à Athènes et instaure le "Commun des Chalcides" qui a obtenu un pouvoir très fort laquelle a été dissoute par le roi Philippe de Macédoine. Dès lors, il aboutit à la disparité. Le piratage et la domination turque suspendent son dynamique, esquissé, jusqu' en 1912 quise réunit à la mère –Grèce.

Citation spéciale à la région de Chalcidique en dehors des grèves immenses et son climat splendide, revendique le **Mont Athos** qui constitue un différent état religieux avec une administration originale.

Mont Athos. Le Mont Sacré de Dochiariou.

Le mont Athos contient 20 monastères construits sur des cotés et des régions inabordables. Dans ces monastères se gardent des trésors innombrables de l'église, des fresques, des bibliothèques avec des rares prototypes et des parchemins manuscrits.

Á Chalcidique, se trouve la caverne **"Pierres Rouges"** très proche de Petralona qui comprend de thalamus et des couloirs aux stalagmites et aux stalactites. Des trouvailles des os des animaux

dans la caverne se rangent à l'ère demi quartenaire selon les historiens tandis qu'une pièce de crâne humaine s'attribue à l'homme du type de Néatherdal.

Des villes qui ont connu leur apogée pendant l'ancienne période historique à la région de Chalcidique, ce sont **Potidée, Stagire** (la génératrice d'Aristote), **Scionne, Olynthe, Athitos, Ormilles, Cassandra**, e.t.c.

L'intérêt touristique de la région est vaste en ayant une répercussion financière équivalente dans toute la Grèce.

Dans les grèves splendides de Cassandra: **Aphide, Sanie, Côte Orange, Potidée, Callithea, Chanioti, Nouvelle Phocéa**, ainsi qu'aux plages de Sithonie, **Sarti**, **Kalamitsi, Pefkochori, Toroni, Marmari, Porto Kara**, fonctionnent des hôtels d'une haute norme qui garantissent l'hospitalité confortable grâce à leur grand potentiel et leur personnel spécialisé.

Chalcidique, Callithea.

VERGINA

Le Vergina est un petit village où se trouvent des ruines d'une ville ancienne à distance de 12 Km de Beria. Dans sa région, des fouilles par le professeur M.Andronikos, a mis au jour des trouvailles précieuses par le tombeau voûtée et peint à fresques du roi Philippe II de la Macédoine, père d'Alexandre le Grand. Ce sont trouvés des objet en cuivre,en argent et en or et plus particulièrement un ossuaire décorée des feuilles en or en relief avec le symbole connu "l'étoile de la dynastie des Macédoniens", une casque, un pavois, des chaussettes et une épée considérés d'appartenir au roi Philippe.

Des fouilles plus anciennes ont mis au jour un cimetière de la période géométrique mais aussi des ruines d'un palais de la période hellénistique.

Vergina. Trouvailles par les fouilles.

THASSOS

Thassos, une île vers le nord de l'Egée, appartient administrativement au département de Cavalos avec lequel se relie plus vite en prenant le bac à travers Ceramoti. Thassos est une île de toute beauté et pleine de verdure, aux plusieurs grèves qui séduisent le visiteur. L'atmosphère insulaire mais aussi son intérêt archéologique attirent la foule de visiteurs qui la peuplent pendant l'été.

L'île produit des olives, de l'huile, du miel et du vin. En plus, il y a une production de pêche et d'élevage, du bois abondant par ses forêts mais aussi son marbre de son sous-sol très connu au niveau international qui sont exploitables.

Historiquement, en tant que premiers habitants de l'île se mentionnent les Thraces et les Phéniciens. Cependant, Ions de Paros étaient les fondateurs de la ville de Thassos en 680 av. J.C. Ici, ils ont crée une colonie florissante qui a participé sur le devenir de la Grèce. Ulterieurement, beaucoup de conquérants l'ont prise à leur main. Enfin, elle est passé aux Turcs et a suivi le destin du reste de la Grèce. Lorsque en 1813 elle a été offerte à Mohamed Ali de l'Egypte, elle a repris plusieurs privilèges jusqu'à 1902 qui est passé aux Turcs. Elle a été libérée par la flotte grecque en 1912 et depuis elle présente une courbe ascendante au domaine de la civilisation et de l'économie.

Á Thassos, un grand intérêt présentent: le Marché Ancien avec ses couloirs aux péristyles, ses temples, les autels, le théâtre avec son acoustique fameux, l'Acropole avec les ruines des ses murailles, les murailles de la ville avec les portes qui portent des représentations en relief, les sanctuaires de Dionysos, de Poséidon, d'Artémis et de Déméter, les passages des Théories, l'autel de Panas et beaucoup d'autres qui rendent Thassos un vaste musée des archéologies.

Thassos. Aspect du port.

Le Péloponnèse, c'est la plus grande presqu'île de la Grèce et constitue un département séparé géographique du pays. Elle s'unit à la Grèce continentale aux mont Géranium. Ici, en 1892, a eu lieu l'ouverture d'un canal technique pour que les parcours maritimes se facilitent. Péloponnèse a pris son nom par le roi mythique d'Ilidos, Pelopas. Elle s'est appelée aussi Moréas pendant la période Byzantine parce qu'il y avait beaucoup de mûriers à la région. Elle se baigne de mer forme autour, avec son figure pareil d'une feuille de platane, beaucoup de fougues.

Son sol est plein de montagne dont le plus haut est Taygète (2.407 m) Parmi ses montagnes, se sont formés des plaines fertiles, dont la plaine d'Ilias est la plus grande. Ses côtes au nord et au sud se sont bien nivelés, aux plages de toute beauté tandis au sud et au sud-est sont escarpées.

La plus grande rivière est Alphée qui prend sa source au mont Erimantheos. Le climat de Péloponnèse est tempéré est très sain. Administrativement, il se divise aux départements de: Corinthe, Argolide Laconie et Arcadie. Chaque parcelle de terre de Péloponnèse apparaît un intérêt considérable tant pour sa beauté naturelle que son ancienne histoire. Ainsi Péloponnèse concentre des milles de vacanciers et des admirateurs de l'élément grec.

Les premiers habitants de Péloponnèse se considèrent les Pélasgiens (3.000 av. J.C.) et ensuite les Achéens et les Ions (2000 av. J.C.). Les Achéens, des navigateurs audacieux, se sont mis au contact à la civilisation Minoenne de Crète et ont créé leur propre **"Civilisation Minoenne"** merveilleuse. Plusieurs et importants sont les retrouvailles de cette époque là, à la période où **Mycènes**, **Argos**, **Tirynthe**, **Pylos**, et **Amicles** ont connu leur apogée. Plus tard, un tribu, Doriens, conquissent Péloponnèse et construisent des nouvelles cités parmi lesquelles Sparte était la plus grande et la plus organisée.

Le **Sparte** tire les ficelles de l'histoire de Péloponnèse pendant plusieurs années. En V siècle l'apogée de Sparte et en synecdoque celle de Péloponnèse est empêché par l'affrontement aux Perses (490-47 av. J.C.)

Mais aussi par la guerre de Péloponnèse (431-404 av. J.C.). Ainsi s'ensuive la domination des Macédoines et ensuite celle des Romain. Pendant les années byzantins Péloponnèse constitue une province Byzantine tandis que pendant l'occupation franque se sont fondés la principauté de Achaïe et le despotat de Mistra, jusqu' à la période de la soumission aux Turcs. La révolution de 1821 a trouvé automatiquement des supporters fervents au Péloponnèse en ayant comme chef le Patriarche de Patras, Germano. Après des combats de longue durée et des destructions, le Péloponnèse se libère et l'état grec est fondé en ayant Naples comme sa première

Corinthe. Le Canal.

capitale. Actuellement Péloponnèse prend part activement à l'économie du pays en offrant beaucoup dans tous les secteurs de production. Les habitants s'occupent de l'agriculture, d'élevage, du commerce, de l'industrie ainsi que du tourisme. La production agricole comprend surtout des cultures des arbres des olives des agrumes, des maraîchages, des vignes, du riz,du coton, du tabac et des céréales. La production d'élevage est considérable et couvre les besoins concernant la viande, le fromage, le cuir, les poulets e.t.c. Dans les industries se produisent du ciment des produits chimiques, de caoutchouc, du papier, des conserves, du textile, du vin.

Les moyens de transport se sont développés à une dégrée satisfaisante et relient Péloponnèse au reste de la Grèce. Elle dispose les aéroports de Kalamata et d'Anravide alors que des bacs la relient à l'Italie à travers Patras.

Ancien Corinthe. Entrée de la Forteresse.

Ancien Corinthe. Le temple d'Apollo.

Corinthe. L'Isthme.

Ancien Corinthe. Le Marché.

Ancien Corinthe. Ruines d'un temple.

Epidaure. Le Théâtre.

Epidaure. Le Théâtre.

Mycènes.

Tolo. Aspect Général. (Aérophotographie)

Nauplie. Bourtzi.

NAUPLIE

Nauplie est la capitale d' Argolide, tandis que c'était la citadelle de l'état grec libre pendant les premières années après la libération par le joug turc.

Naples combine son position au bord de la mer au pittoresque des bâtiments, les musées veneticiens à son infrastructure excellente, touristique, le passé au présent à but de fasciner et satisfaire le visiteur le plus exigeant. Chaque coin de la ville apparaît un intérêt historique, pourtant celui se focalise à la **Forteresse de Palamède**, à **Bourtzi**, à **Acronauplie** et au musée, au Législatif, à la première école grecque, aux églises de Saint Spiridon et de Saint Georges, aux tribunaux et à d'autres plusieurs bâtiments néoclassiques.

Les plages, les plus appréciées par les vacanciers à la région d'Argolide sont celles de **Tolo**, de **Porto Cheli**, d'**Ermione** e.t.c.

Nauplie. Le Léon de Bavière.

Nauplie. Le Palamède. (Aérophotographie)

Ancienne Olympie. La flamme Olympique.

Olympie ancienne.

Crete

La Crète se trouve à l'extrême le plus sud du pays et constitue ensemble avec de plusieurs autres plus petites îles autour d'elle, un département séparé du pays. C'est l'île la plus grande du pays, d'une étendue de 8. 331 Km². Elle se baigne par la mer Crétoise vers le Nord, la mer Libye vers le sud, la mer Carpatique vers l'est et la mer Ionien vers l'ouest. Tout le long, son sol se couvre par des grandes chaînes de montagnes (Psiloritis est le plus haut sommet de 2.456) qui forment des gorges et des vallées tandis que leurs pieds débouchent aux petits ou grandes plaines qui effacent la mer. Le littoral de Crète présente une variété de fougues, des havres, des péninsules et des grèves étendues à perte de vue.

Son climat est montagnard à l'intérieur et méditerranéen au littoral. Les habitants s'occupent à l'artisanat, à l'élevage mais aussi au commerce, à la pêche et une grande partie de ceux s'occupent au tourisme. Dans l'île, il y a un bon réseau routier, une connexion aérienne à Athènes ainsi qu'une connexion relative à la navigation au Pirée. Administrativement se divise aux départements de Canée, de Rethymne, d'Héraklion et de Lasythe. Dès l'époque mythique, le nom de Crète se complique à plusieurs histoires connues par les rapports de plusieurs anciens auteurs. Crète se considère comme la génératrice de Dieu Jeus et l'endroit de l'évolution des mythes de Labyrinthe et de Minotaure. Ici, a été développée la **civilisation Minoenne** qui avait comme centre Knossos et Phaistos. Cette civilisation de Crétois signalise l'histoire de l' homme tandis que les úuvres d'art de cette époque là provoquent l'admiration aux milles de visiteurs, qui viennent de tous les coins du monde.

En 480 av. J.C arrive la décadence cette civilisation, en ayant comme conséquence, plus tard en 69 av. J.C la prise de l' île par les Romains qui ont détruit toutes les villes et ont rendu Gortyne la capitale de l'île.

Dès 395 av. J.C Crète devient une province byzantine jusqu' à 824 après J.C qui est occupée par les Arabes. Ainsi, un état indépendant se fonde et Chandakas devient sa capitale (Héraklion), laquelle Nikiforos Fokas la libère en 961 après J.C.

Crète. Cnossos.

HERAKLION

L' Héraklion est la cité de l'île avec de plusieurs curiosités comme: Le port et la muraille vénitien, le **Meidani** et la **Krini**. Le rempart **Martinego** au tombeau de Kazantzakis et la Salle appelée Kazantzakis. La bibliothèque appelée Municipale et le parc Théotokopoulou du fameux peintre **El Greco** qui est né ici. Le musée Historique de Crète et surtout le **musée Archéologique** d'Héraklion aux trésors de l'époque Minoenne d'une valeur inéluctable.

Dans le département d'Héraklion d'ailleurs,se trouve la ville antique de **Gortyne**, ainsi que les ruines de **Phais-** **tos** avec le palais, les ruines des maisons et le disque renommé de Phaistos.

Bien sûr, la plus importante de toutes les villes antiques est l'antique **Knossos** avec le grand palais et son enceinte qui couvre une étendue de 20 ares. Ici, les fouilles ont découvert d'oeuvres d'art impressionnantes et des fresques fameuses, qui décoraient les salles du palais, lequel constituait le centre de la civilisation Minoenne qui était développée en 2.000 av. J. C. C'est qui provoque la stupeur aux visiteurs, c'est sa construction dédaléenne, son architecture et sa prévoyance en ce qui concerne la fonction du système d'égouts.

Héraklion. La Crène de Morozin.

RETHYMNE

Dans la plupart de la région de Rethymne, on va rencontrer beaucoup de vestiges de l'occupation vénitienne et turque, comme des églises, des forteresses, de minarets mais aussi beaucoup de temples byzantins. Une place dominante occupe la forteresse **Fortezza** à Rethymne et **Lotza**, qui héberge le **musée Archéologique** où se gardent des statues, des vases, des mosaïques, des sarcophages e.t.c.

La ville de Rethymne est pittoresque avec des ruelles, des maisons de maître, des églises et une plage à la grève magnifique. Dans le département, se trouve le **Cloître Arkadiou** qui rappelle les actions les plus héroïques de sacrifice pendant l'occupation turque. Dans le département, l'**Ideon Andron**, une caverne avec des stalactites et des trouvailles antiques, représente une autre curiosité.

Réthymne.

SAINT NICOLAS

Le Saint Nicolas est la cité du département de Lasythe avec son beau port et son "Lac Salé" qui sépare au milieu la ville. Des curiosités, ici, sont le fort vénitienne **Mirabel**, le musée **Archéologique** et l'église byzantine de **Saint Nicolas**.

À faible distance, dans la région d'Elouda avec ses fameuses grèves, se trouvent les ruines de la ville antique homonyme. Á l'est de S. Nicolas se trouvent d'autres débris Minoens.

À **Sitia** et à **Ierapetra**, nous voyons des vestiges de murailles byzantines tandis que à Itano on visionne des reliques des agglomérations de l'époque hellénistique. À Kato Zacro et Roussolako, des débris des agglomérations minoennes avec des retrouvailles exceptionnelles alors que à **Vai**, nous admirerons la Forêt des Phéniciens qui arrive jusqu'au bord de la mer.

Canée. Le vieil port.

S. Nicolas.

CANÉE

Les Canée est une ville construite sur les ruines de la Cydonie antique. Á **Casteli**, du vieil quartier de la ville, nous voyons de nombreux bâtiments vénitienne, des étroites ruelles pittoresques et des forts. Il présente d'intérêt le **musée Archéologique**, qui s'héberge au temple vénitienne de S. François.

Au quartier **Chalepa**, on voit la maison du grand homme politique d'Éleuthère Venizélos, la bibliothèque Malmio. Dans la région **Acrotère**, on trouve les tombeaux de la famille de Venizélos. En partant de Canée, on arrive aux fameuses **Gorges de Samaria**, qui est le plus grand et le plus profond ravin de l'Europe.

71

Îles de l'Egée de l'est

Ils se consistent des îles: Lemnos, S.Eustrate, Lesbos, Chio, Inousses, Psara, Samos, Icarie et Fours.

Lesbos. Molyvos.

LESBOS ou MYTILENE

Le Lesbos est peuplé par les Grecs déjà dès XVI ème siècle av. J.C. C' est la génératrice du sage Pittacos et des poètes lyriques Alcée, Terpandre et Arion ainsi que celle de Sapho. Elle a excellé au domaine des lettres et de la civilisation, tandis que Aristote et Epicure ont enseigné aux facultés philosophiques.

Dans sa belle capitale, en amphithéâtre à **Mytilène**, la forteresse batît au point d'ancien Acropole, ainsi que le théâtre romain et les fameux mosaïques de ville romaine dans la même région sont des curiosités.

Toute l'île est couverte des plantations surtout des arbres d'olives et des pinèdes, tandis que toutes de ses trajets sont des

Bourgs ou des villages, du point historique et religieux mais aussi

Des beautés naturelles et inoubliables. **Agiassos** montagnard et pittoresque, **Mantamado** avec le cloître.

SAMOS

Le Samos est une de plus belles îles avec beaucoup de plantation et des grèves splendides. Elle est considérée comme la patrie de Pythagore et d'Aristarque.

On peut rencontrés les curiosités suivantes: Dans la ville de Samos, le musée archéologique et les vieilles vinicoles de production du fameux vin de Samos, à **Pythagorion** la tranchée renommée Eupalide de l'antiquité et dans la même région les débris du marché ancien, des tombeaux et des maisons, dans le territoire de **Mytilène**, le musée Paléontologique avec les reliques des animaux qui ont vécu pendant des millions d'années sur l'île à **Iraio** la région archéologique et aux **Myles** les tombeaux de Mycéniens.

Des autres régions où le visiteur vaut aller sont les suivantes: la région **de Carlovasi, de Cocari, de Calali** et **de Fin Sable**.

Samos. Kokkari.

Cyclades

Mykonos.

Les Cyclades comprennent 34 îles et beaucoup d'îles désertes. Dans ce groupe sont compris les îles : Andros, Tinos, Mykonos, Renia, Dyle, Naxos, Amorgos, Macronyssos, Cea, Cythne, Folegandros, Giaros, Syros, Paros, Sikinos, Ios, Santorin ou Thêra, Anafi, Milos, Kimolos e.t.c.

Les caractéristiques communes de ses îles sont: leur sol montagnard, ingrat, le manque d'eau souterrain et aussi l'existence des volcans sur les groupes des îles de Santorin et celui de Milos.

Les habitants des Cyclades ont développé une civilisation importante la "Civilisation fameuse des Cyclades", en ayant Dyle comme centre où il y avait le plus important sanctuaire d'Apollon. Les «Kouros» du musée Archéologique National et l'"Aphrodite de Milos", une statue excellente de la période Hellénistique qui se trouve au musée du Louvre.

Actuellement chaque île de Cyclades qui révèle à ses visiteurs la mer claire, le ciel bleu, les petites maisons toutes blanches et ensoleillées, les grèves et les beautés, constitue le lieu préféré de vacances des Grecs et des étrangers pendant toute la période de l'été.

MYKONOS

Le Mykonos est déjà l'une de plus îles touristiques dans le monde. Le pittoresque incomparable de ses petites maisons blanches, de ses étroites ruelles empierrées, des petites églises, des moulins à vent traditionnel ainsi que sa vie mondaine de nuit, se devient un pôle d'attirance des millions de visiteurs.

SANTORIN OU THÈRA

Le Santorin est une île renommée, volcanique qui a un grand flux de touristes. **Phéra** est sa capitale, dont le musée, on trouve des retrouvailles de l'époque Minoenne.

Dans les îles, des débris de l'ancienne Nécropole ont été découverts après avoir fait des fouilles.

Les fresques qui ont mis au jour sont fameuses et constituent des spécimens exceptionnels de la peinture de la Grèce Antique.

Santorin.

NAXOS

Le Naxos est une île fertile, la plus grande île des Cyclades. Les vestiges de l'époque antique et minoenne ainsi que les plusieurs chapelles présentent ici d'intérêt. Les plages de **Castraki** et celles ayant lieu au point **Apollon** sont très belles.

Naxos. Portaria.

Paros. Colonie.

PAROS

Le Paros se trouve sur une île graphique avec de belles plages, connu par l'église byzantine de Notre Dame de Cents Portails. Elle a des vestiges d'une forteresse vénéticienne et des monastères. La belle Colonie est la cité de l'île. Á coté de Paros est l'île **Antiparos**. Elle comporte de belles grèves et de claires eaux.

Dodécanèse

Rhodes. L'Entrée du port.

➤ Les Dodécanèse se consistent des îles: Rhodes, Cos, Calymne, Patmos, Leros, Astypale, Syme, Casos, Tylos, Nisyros, Chalcis, Lipse, Castellorizo,et beaucoup d'autres îles arides et désertes.

Les habitants de Rhodes dominaient la région dès années anciennes et contrôlaient l'Égée avec leurs bateaux. l'époque Romaine, Cos joue un rôle important, comme un centre de la Médecine et de Pathmos comme un lieu d'exil de Jean l'Evangéliste.

Pendant les années byzantines, les Dodécanèse ont souffert par les assauts de pirates. Ensuite, les cavaliers de S. Jean l'ont conquis et après deux siècles elles se sont adonnées aux Turcs. Après la guerre italienne et turque en 1912, elles sont passées aux mains de Italiens et aussitôt en 1948, elles ont joint à la mère-Grèce.

RHODES

Le Rhodes, "la perle de l'Égée" est un de plus organisés centre de vacances de la Grèce. Elle dispose une infrastructure splendide, beaucoup d'antiquités, des plages superbes et une vie mondaine. Tout cela séduit les touristes qui affluent des pays du nord surtout pour qu'ils jouissent le soleil et la mer de l'Égée.

Le port aux fauves, l'Aquarium, la Muraille Médiévale qui clôt la Forteresse de Chevaliers de S. Jean. Hors de la ville se trouvent des débris de **l'Acropole antique** tandis que à **Lynde**, à **Camyro** et à **Filerymo** existent beaucoup des vestiges antiques, très importants.

PATHMOS

Le Pathmos est une île très belle, avec plusieurs églises et des monastères. Le plus fameux est celui de **Jean Théologien** construit en 1088, en ayant de trésors religieux d'une grande valeur. Ici se trouve la **Caverne Sacré**, où Jean l'Evangéliste a vécu et a écrit la Révélation.

De près de Pathmos, **Lipse** se trouve: une île où on peut facilement avoir accès tous les jours en utilisant des caïques à travers la **Scala** de Pathmos.

Pathmos. Aspect de la Ville.

COS

Le Cos est la riveur de Rhodes quant au niveau touristique. Ile de plaine et verdoyante avec de belles grèves et aux intérêts archéologiques. Son nom s'associe à **Hippocrate**, le père de la Médecine. Près de la ville de Cos se trouvent les débris **d'ancien Asclépies**, le plus connu de l'antiquité. Le Conservatoire romain et l'église byzantine de Saint Stéphane se comptent parmi d'autres curiosités.

Ses plages qui attirent l'intérêt de vacanciers autour de l'île sont: **les Cardamaines, les Thermes, le Saint Phokas, le Tigaki, le Marmari, le Mastichari,le Saint Stéphane** e.t.c. Des villages ayant une belle couleur se trouvent à la région **d'Asphendie, de Pyliou, d'Adimachias** et **de Cephalou**.

Cos. Le port pendant la nuit.

LEROS

Le Leros est une île en n'ayant pas une infrastructure assez développée, pourtant elle a un bon mouillage. La vie, ici, est calme et les touristes se réunissent surtout à la capitale **Sainte Marine**, qui est toute pittoresque, au port **Lakki** et au **Champ ingrat**.

Leros. Le port pendant la nuit.